AF383951

27

Ln 1467s.

ÉLOGE

DE

M. LE MARQUIS

DE MONTMIRAIL

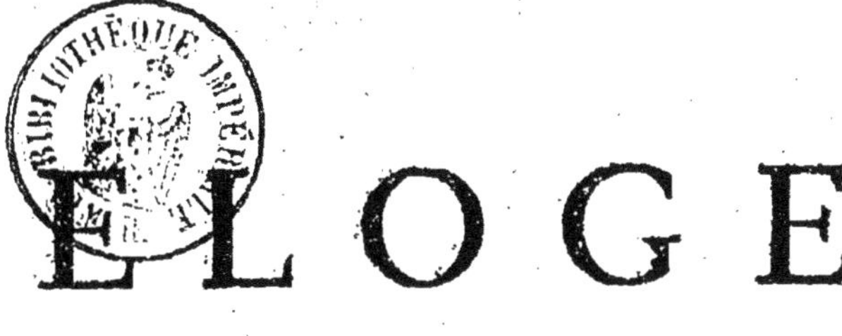

Lu à l'assemblée publique de l'Académie Royale des Sciences, du 17 Avril 1765.

ÉLOGE

DE
M. LE MARQUIS
DE MONTMIRAIL.

CHARLES-FRANÇOIS LE TELLIER, Marquis de Montmirail, Brigadier des armées du Roi, Chevalier de l'Ordre royal & militaire de St Louis, Capitaine-colonel de la compagnie des Cent-suisses de la garde ordinaire du Corps du Roi, Meſtre-de-camp du régiment Royal-Rouſſillon,

A ij

Cavalerie, naquit à Paris le 11 Septembre
1734, de François-Céſar le Tellier, Marquis de Courtanvaux, Capitaine - colonel
des Cent-ſuiſſes de la Garde, & de Louiſe-
Antoinette de Gontaud de Biron, fille de
François-Armand de Gontaud, Duc de
Biron, Pair de France.

Il fit ſes premières études au collége de
Louis-le-Grand, tenu alors par les Jéſuites;
jamais diſpoſitions heureuſes, jamais caractère aimable ne ſe développèrent de ſi bonne
heure: il étoit à la fois l'objet des attentions
de ſes maîtres, & celui de l'amitié de ſes
compagnons d'étude. Ils voyoient ſans
regret & ſans jalouſie toutes les préférences
& les diſtinctions que lui attiroient ſes
vertus naiſſantes & ſes talens. Sa douceur
& ſa modeſtie à leur égard adouciſſoient
le déſagrément qu'elles auroient dû leur
cauſer. Ses maîtres auroient pu être ſéduits,
mais le jugement de ſes compagnons ne

peut être suspect : on sait jusqu'à quel point
les écoliers portent la liberté de leurs dis-
cours, & combien l'art de la politique leur
est étranger en pareil cas.

L'indulgence que ses maîtres avoient
pour lui, n'étoit cependant pas, à beaucoup près aussi grande qu'elle auroit pu
le paroître au premier coup d'œil ; elle
n'alloit qu'à fermer les yeux sur l'emploi
du temps que lui laissoit l'extrême facilité
qu'il avoit à remplir ses devoirs. Ce temps
duquel on ne lui demandoit pas compte,
étoit employé, non à des jeux ordinaires
aux enfans, mais à la lecture des meil-
leurs livres en tout genre, qu'il dévo-
roit avec avidité, & desquels il commen-
çoit dès-lors à se faire une bibliothèque
choisie & remplie des plus belles éditions ;
son goût en ce point avoit été aussi précoce
que ses autres talens. On lui a vu lire sur-
tout deux fois de suite avec une extrême

attention, Tacite & Polybe; Tacite le peintre le plus expreffif des mœurs des différentes Nations, & Polybe, l'ouvrage le plus favant & le plus fuivi que l'Antiquité nous ait tranfmis fur l'art militaire : c'étoit à ces lectures que le jeune Marquis de Crufy (car ce fut le premier nom que porta M. de Montmirail) employoit le temps qu'il déroboit à fes autres occupations. Ces momens dérobés ne l'empêchoient cependant pas d'emporter les premières places & les prix de toute efpèce; il en réfultoit feulement qu'il faifoit de lui-même & fans qu'on parût s'en apercevoir, deux études au lieu d'une, & qu'il fe préparoit des reffources infinies pour les fonctions auxquelles il étoit deftiné. Les jeux fi vivement recherchés par les jeunes gens de fon âge, lui étoient devenus infipides; les arts même qui n'ont pour but que l'agrément ou le plaifir, n'attiroient que peu ou point fon attention.

Il se plaisoit bien davantage à la Physique, aux observations d'Histoire Naturelle, aux livres de mœurs & de caractères, & à tout ce qui pouvoit le rendre bon citoyen, habile littérateur, véritable ami & courtisan vertueux; en un mot, il étoit philosophe long-temps avant que d'avoir atteint l'âge auquel on commence à être homme. On eût dit que par un singulier privilége son ame agissoit seule & indépendamment du développement de ses organes. L'étude des humanités fut suivie de celle de la Philosophie; malheureusement pour la Logique, il avoit commencé l'étude des Mathématiques sous le P. de Merville. L'habitude de raisonner juste, qu'il y avoit prise, lui inspira bien-tôt du dégoût pour toutes les règles de la Logique, qui lui étoient presqu'inutiles, & pour cette forme de l'école qui sert peut-être moins souvent à décou-

A iiij

vrir le vrai, qu'à donner à l'erreur l'air &
l'apparence de la vérité.

Au sortir de ses études & à peine âgé
de dix-sept ans, M. de Montmirail commença sa carrière militaire; il entra dans la
première Compagnie des Mousquetaires:
la même envie de remplir ses devoirs, &
la même solidité d'esprit qu'il avoit mon-
trées dans le cours de ses études, le suivirent
dans ce genre de vie si différent du premier.
Les vides du service si souvent mal ou inu-
tilement employés par les jeunes Officiers,
furent remplis chez lui par une étude suivie
de toutes les parties nécessaires à un Officier
qui veut se distinguer. Il n'avoit point, à
proprement parler, eu d'enfance; il eut
encore moins de jeunesse, du moins si on
entend par ce mot l'abus que le commun
des hommes ne fait que trop ordinairement
des plus précieux momens de la vie.

Après avoir servi pendant plus de trois

ans dans les Mousquetaires, avec la plus grande satisfaction de ses supérieurs, le Roi lui accorda l'agrément de la charge de Capitaine-colonel des Cent-suisses de la garde, de laquelle M. son père se démettoit en sa faveur. Il y fut reçu le 28 Novembre 1754, & il reçut le lendemain une commission de Colonel d'Infanterie, en vertu de laquelle il pût être employé lorsque la Compagnie des Cent-suisses, qui ne quitte jamais la personne du Roi, ne serviroit pas à l'armée.

Il servit en effet bien-tôt après, & grâce aux avantages qu'il s'étoit ménagés avec tant de soin, il eut le plaisir sensible de voir les Militaires les plus habiles dans cet art, applaudir à ses premiers efforts, & reconnoître la supériorité de son génie.

M. le Maréchal d'Étrées ayant joint l'armée en 1757, M. de Montmirail son neveu l'y suivit en qualité d'Aide-de-camp ; ce fut-là qu'il étudia avec soin l'application des règles aux évènemens. Les marches savantes du Général étoient devenues l'objet de ses attentions; il en admiroit la prudence, il en pénétroit les motifs, il prévenoit même avec justesse de nouveaux ordres dans les occasions où il n'étoit pas possible de les attendre. M. le Maréchal avoit en la personne de son neveu, tout jeune qu'il étoit, non-seulement un Aide-de-camp sur l'activité duquel il pouvoit compter, mais encore un sage Officier sur lequel il pouvoit se reposer pour les cas imprévus; & les ennemis s'aperçurent plus d'une fois que la présence de ce jeune guerrier leur étoit plus dangereuse que celle de beaucoup d'autres Officiers qui avoient blanchi sous les armes.

Il se trouva la même année à la fameuse journée d'Hastembeck; la sagesse & la prudence des dispositions, ces sources sûres, mais cachées, du succès & de la victoire, n'échappèrent pas à ses yeux pénétrans : il vit d'un seul coup d'œil toutes les reſſources qu'elles pouvoient offrir dans les différentes circonſtances de l'exécution, & cette connoiſſance réfléchie le mit en état de ſe livrer à toute ſon ardeur, & de porter partout avec une activité dont on avoit peu d'exemples, non-ſeulement les ordres, mais encore l'eſprit & les vues du Général.

. Ce n'étoit pas aſſez pour M. de Montmirail, que de ſervir avec toute l'intelligence & toute la valeur d'un bon Officier ; les circonſtances exigèrent ſouvent de lui des ſervices d'un autre genre : il fut ſouvent employé à des détails intéreſſans, à des négociations ſecrètes & délicates & à d'autres commiſſions qui demandoient une prudence conſommée, & qui ſembloient exiger une longue expérience ; elles furent cependant remplies avec le plus grand succès par le Marquis de Montmirail, âgé à peine de vingt-trois ans. Ses talens & sa prudence remplaçoient avantageusement les années qui lui manquoient.

Au mois d'Août 1758, le Roi lui accorda le brevet de Meftre-de-camp du régiment Royal-Rouffillon, Cavalerie. Ce corps avoit été extrêmement maltraité à la bataille de Crevelt, on l'avoit fait repaffer en France, & il avoit befoin pour fe rétablir, des foins & des attentions fuivies qu'il trouva dans le jeune Colonel. Cette circonftance & la retraite de M. le Maréchal d'Étrées, retinrent pendant près de deux ans entiers, l'ardeur de M. de Montmirail, qui n'eut plus pendant ce temps-les mêmes occafions de fervir & de fe fignaler.

Ce ne fut qu'en 1761 qu'il retourna à fes fonctions militaires auprès de M. le Maréchal d'Étrées, qui prit alors le commandement général de l'Armée françoife;

il le fuivit par-tout avec fon zèle & fon activité ordinaires, & eut part à toutes les opérations qui fe firent auprès de ce Général. Il ne tint pas à lui qu'il ne fe trouvât à beaucoup d'autres; fon régiment étoit au mois de Juillet 1762, dans un endroit affez éloigné du quartier général, il fut qu'il pouvoit y avoir une action, c'en fut affez pour l'engager à faire auprès de M. le Maréchal les plus vives inftances pour obtenir la liberté d'aller fe mettre à la tête de ce Corps: elle lui fut refufée, il ne fe rebuta pas pour cela, & il fallut que les rémontrances de l'oncle à fon neveu, fe changeaffent en un ordre précis du Général de demeurer à fon pofte, où il étoit encore plus utile pour le fervice du Roi.

Les fervices que M. de Montmirail avoit rendus, méritoient une récompenfe, elle lui fut accordée; le Roi l'honora le 25 Juillet 1762, du brevet de Brigadier

de ses armées, il avoit alors vingt-huit ans.
On feroit une liste assez courte des simples
particuliers qui ont obtenu le même grade
à cet âge, & peut-être une encore moins
longue de ceux de ces derniers, qui l'ont
aussi-bien mérité que lui. Il obtint à la fin
de l'année la Croix de Saint-Louis.

La paix qui se fit en 1763, mit fin à
la carrière militaire de M. de Montmirail;
mais la réforme qui la suivit lui donna de
nouvelles occupations d'autant plus délicates
que le plan de ce nouvel arrangement
sacrifioit au bien du service les intérêts
d'une infinité d'excellens Officiers & de
braves Soldats, qui voyoient reculer au
moins de beaucoup les graces & les ré-
compenses qu'ils avoient acquises au prix
de leur sang & de leurs services: M. de
Montmirail ne les abandonna pas dans une
circonstance si critique; l'attachement que
tous les Officiers de son régiment avoient

pour lui adoucit l'amertume de ce changement, & il mit en œuvre, de son côté, tous ses soins & tout son crédit pour leur en diminuer la rigueur.

Ce fut à cette utile & généreuse occupation qu'il employa une partie de son semestre, & ce ne fut qu'après s'en être acquitté, autant qu'il étoit possible à la satisfaction de tout le monde, que nous le vimes reprendre parmi nous des fonctions d'un autre genre & desquelles il ne s'acquittoit pas moins supérieurement. Il avoit obtenu au commencement de 1761, dans cette Académie, la place d'Honoraire, vacánte par la mort de M. de Séchelles, la même douceur de caractère, qui l'avoit fait adorer du Militaire, lui avoit attiré le cœur de tous les Académiciens; il avoit été nommé par le Roi Vice-préfident en 1762, & nous l'eumes à notre tête en 1763. On auroit peine à croire avec quelle facilité il s'étoit mis au fait d'un genre de gouvernement si nouveau pour lui, & qui lui devoit paroître si différent de ceux auxquels il avoit été appelé; jamais l'Académie n'a été plus sagement conduite que par ce Président, âgé de vingt-neuf ans, & qui ne la connoissoit que depuis trois années, desquelles il avoit employé la plus grande partie à ses campagnes; il avoit pénétré tous les intérêts de ce corps; il en connoissoit tous les Membres, & il ne s'occupoit que des moyens d'y entretenir la noble émulation, qui en est l'ame, & à éloigner tout ce qui pouvoit en retarder les travaux ou en refroidir l'ardeur; c'est à lui qu'on doit d'avoir engagé M.rs de la Lande, Tillet, Leroi & Bezout, à se charger de la rédaction de quatre années de notre Histoire, pour accélérer la publication de nos volumes, que diverses circonstances avoient retardée; il méditoit

encore des arrangemens plus utiles, &
l'extrême confiance que l'Académie avoit
prife pour lui permettoit d'en efpérer une
heureufe réuffite; en un mot il jouiffoit
dans cette forte de République, fi jaloufe
de fa liberté, d'une efpèce de dictature
uniquement fondée fur l'eftime & fur
l'amitié qu'il s'y étoit acquifes.

La paix, qui avoit rendu M. de Montmirail à lui-même & à fa famille, fit
defirer qu'il en profitât pour prendre un
établiffement; il étoit fils unique & toute
l'efpérance de fa Maifon étoit en lui; il
connoiffoit depuis du temps Madame la
Marquife de Lanmari, veuve du Marquis
de ce nom, fille de M. le Comte de
Bretonvilliers & d'Adelaïde-Françoife de
Chertemps de Seuil, l'eftime & l'amitié
qu'ils avoient pris l'un pour l'autre leur fit
defirer d'en refferrer les nœuds par ceux
du Mariage, & il l'époufa le 20 Juin

1763 ; leur attente ne fut pas trompée, jamais union ne fut plus douce & plus tendre : elle fut cimentée par la naiſſance d'une fille, & M. de Montmirail étoit ſi flatté du bonheur dont il jouiſſoit, que peu de jours avant que l'Académie ſe ſéparât pour les vacances de 1764, il m'en faiſoit encore confidence dans les termes les plus touchans ; c'étoit mériter ce bonheur que de ſavoir ſi bien le ſentir.

A la Saint-Martin dernière, M. de Montmirail revint à nos Aſſemblées, & nous le revimes avec tout le plaiſir que nous inſpiroit toujours ſa préſence ; nous ignorions alors, & il l'ignoroit lui-même, qu'il nous reſtoit bien peu de temps à le poſſéder ; il revint cependant encore à l'Aſſemblée du 17 Novembre, mais preſqu'auſſitôt après il tomba malade d'une fièvre maligne ; les ſecours de l'art les plus prompts & les plus puiſſans lui furent adminiftrés, mais il ne fut pas poffible de vaincre le mal, & après s'être préparé à la mort, en recevant les Sacremens de l'Églife avec la piété la plus édifiante & la réfignation la plus parfaite, il mourut le 13 Décembre 1764, emportant avec lui l'eftime publique, les regrêts de tous ceux qui l'avoient connu, & toute l'efpérance de fa famille.

Ce que nous avons dit de **M.** de Montmirail a dû prefque repréfenter fon caractère; il étoit grand, bien fait & portoit la phyfionomie la plus heureufe; fa douceur paroiffoit fur fon vifage & dans tout fon maintien; l'égalité de fon ame étoit fi fingulière, qu'on ignore prefque qu'elle ait jamais été troublée; fa converfation étoit douce & enjouée; les paffions, qui ne germent que trop aifément dans le feu de la jeuneffe, n'avoient pas même effleuré la régularité de fes mœurs; fa raifon prématurée, son amour pour le travail & pour tout dire aussi, la religion dont il avoit toujours été pénétré l'avoient préservé de leurs attaques, & lorsqu'il commença à paroître à la Cour, il y offrit le spectacle, par malheur trop singulier, d'un Courtisan vertueux sans en être moins aimable.

Personne n'a plus joui que lui de l'attachement de tous ceux qui le connoissoient, & personne ne l'a mieux mérité; son extrême modestie le mettoit toujours au niveau de tous ceux qui avoient affaire à lui, & jamais il n'a fait sentir sa supériorité que par ses bienfaits; Ses réprimandes même, lorsqu'il se trouvoit obligé d'en faire, perdoient la plus grande partie de leur désagrément par la manière dont il savoit les assaisonner. Dès qu'il connoissoit quelque Gentilhomme que la médiocrité de sa fortune empêchoit de servir, il levoit, à ses dépens, cet obstacle & les mettoit

en état de suivre cette noble inclination;
M. le Comte de l'Épinaſſe, Gentilhomme
de ſon voiſinage, étoit ſouvent chargé de
lui faire de ces généreuſes recrues; il s'eſt cru
diſpenſé, à la mort de M. de Montmirail,
du ſecret qu'il lui avoit religieuſement
gardé pendant ſa vie; c'eſt de lui que je
tiens ce fait, ainſi que pluſieurs autres que
j'ai employés dans cet éloge.

Il étoit ſi tendrement & ſi généralement
aimé à Tonnerre, ville appartenant à M. le
Marquis de Courtanvaux, que dès qu'on
y ſut ſa maladie, les égliſes ne déſempliſ-
ſoient point de ceux qui venoient implorer
pour lui la Miſéricorde divine, & que le
Corps de ville aſſiſtoit tous les jours dans
différentes égliſes à une Meſſe célébrée à
cette intention.

M. de Montmirail étoit extrêmement
ménager du temps; tout celui que ſes devoirs remplis lui laiſſoient, étoit mis à

profit pour l'étude des Mathématiques, de la Phyſique & ſur-tout de l'Hiſtoire Naturelle qu'il aimoit particulièrement : tout ce qui pouvoit avoir rapport à ces objets dans les endroits où il ſe trouvoit, livres, manuſcrits, pièces curieuſes, rien ne lui échappoit, & il n'épargnoit rien pour ſe les procurer. C'étoit à des occupations de ce genre qu'il conſacroit tous les momens dont il pouvoit diſpoſer, & il les préféroit hautement à tout ce que dans le monde on nomme des plaiſirs ; ce n'étoit pas cependant qu'il manquât à aucun des devoirs de la ſociété, il y paroiſſoit & en faiſoit l'ornement, mais il ne donnoit à ces bienſéances que préciſément ce qui leur étoit dû, & le reſte de ſon temps étoit ſévèrement réſervé à des occupations plus utiles ; en un mot, on peut dire que jamais homme de ſon âge & de ſon état n'a mieux mérité l'eſtime

& les regrets que le Public lui a fi juste-
ment accordés.

La place d'Honoraire de M. de Montmirail, a été remplie par M. le Marquis
de Courtanvaux, son père, Capitaine-
colonel des Cent-suisses de la garde ordi-
naire du Corps du Roi.